There There

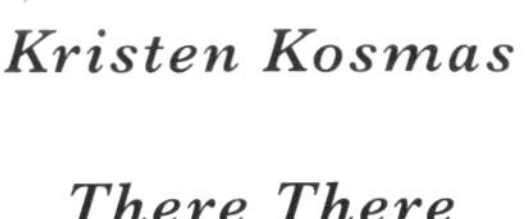

Kristen Kosmas

There There

53rd State Press
Brooklyn, New York

53SP 19

January 2014

ISBN 978-0-9857577-9-3

Library of Congress Control no. 2013956282

53rdstatepress.org

Foreword

Up until now, I have only seen *There There* once (at The Chocolate Factory in Long Island City, Queens in January 2013 as part of the Coil Festival presented by Performance Space 122). As such, I asked Kristen to give me a copy of the play to read while writing this foreword. When I received the text, I flipped through it immediately to find a certain section.

When I saw the play, Kristen, playing a character named Karen Vassily Vasilyevich Solyony or something like that, and wearing a rather severe military drab pea coat that made her perspire a fair amount, looked directly at me in the audience and said something flirty about me twirling her above my head at a party while she was wearing a short skirt and described how we laughed and laughed while others looked on. That was the section I looked for first when I got the text.

What was strange about it and why I looked for it was while I didn't really know her at the time, the way she said those words not only made me feel like I knew her but also like we shared a complicated history. Like we had known each other since the beginning of time or maybe she had said those lines to me in a dream.

That the play would evoke a dreamscape makes sense. Only in dreams do we pop up sitting in a room (designed by Peter Ksander) that somehow feels like it's in Russia. Maybe it's the velvety drapes – were there velvety drapes or do I just remember there being velvety drapes? Or the painted portraits of Russian looking people – they looked Russian to me. Maybe it is Russia because there's a translator (Larissa Tokmakova), who is gorgeous and tall and strange, speaking in what sounds like Russian as the woman in the drab pea coat starts saying all of these things. First, there is this business of Christopher Walken falling off a ladder. Then, there's talk of an epigraph and a flyleaf. "Make love, not sense," Karen says.

But dreams become powerful when what seems like it doesn't make sense begins to, and as Karen marches around the stage (as directed by Paul Willis) tethered to her tall translator, she sounds more and more like all of us, which makes sense because Karen is, more or less, like you and me. She is either a small or normal sized person. Her hair is falling out but not due to stress! If she breaks down crying, think nothing of it, she implores. Her needs are simple. All she ever wanted was something that was hers. She just wants a freaking Bartlett pear.

Karen is also monster. She suggests roasting a baby in a frying pan, she eats all the pastry, and maybe she even killed the Baron before running off into the woods and campaigning with the army. Not that she feels good about any of this. In fact, one has the profound sense that she is sorry.

Maybe it's this point and the fact that the playwright is performing her own words that makes the whole affair feel familiar, and therefore, intense. There's a certain veracity about the play and what's spoken in it that makes it feel more like a confession. In the end, I don't believe Karen pushed Christopher Walken off the ladder – I think *Kristen* did.

— Lane Czaplinski

Artistic Director, On The Boards, Seattle

There There

And, in truth, in times such as ours it would be strange to require clarity of people.

—Fyodor Dostoyevsky

It is a trifle, I shall say; so it is; but I wrote it with ardour and conviction.

—Virginia Woolf

ONE.

KAREN: One.

I said,
I don't understand.

And he said,
What don't you understand? What is so difficult
to understand?

I said,
Everything?
Everything is difficult to understand.

He said,
Let me explain it to you again:
Christopher Walken
has fallen off a ladder
and won't be able to do the show tonight.
As the person who is the most familiar with the text—aside from Christopher Walken—you will have to appear in his place. You must appear in his place. There's an audience. There are people waiting.

I said,
I wouldn't really say I'm
familiar with the text, I only read it
once, for typos, I wasn't—

I didn't even
pay attention
to the content.

He said, Karen. You are the only one. We have called everyone else in the phonebook.

I said, Oh. Well. If you've called everyone else in the phonebook.

...

How much does it pay?
He said, It pays nothing.
I said, Christopher Walken is doing this show for nothing?
He said, Again: Christopher Walken has fallen off a ladder mysteriously and is not doing the show. And no. Christopher Walken does not do the show for nothing when he has not—mysteriously fallen off a ladder. But then, you are not Christopher Walken.

I said, No. I guess that's true. I guess I'm not.

He said, And so you will do the show for nothing.
And I said, Oh I will, will I?
And he said, Yes. You will.

And I said, Well,
I don't think I'm really dressed for it.

TWO.

KAREN: Two.

(to TRANSLATOR) Oh great. Yes. Come in. Great.

Would you mind telling them—
Uhm… could you say,
The blurb on the back of this performance reads: You're a little disappointed. I'm a little disappointed too. You were expecting Christopher Walken. Unfortunately, Christopher Walken has fallen off a ladder and won't be able to do the show. We're sorry. And we'll do the best we can.

Oh! Tell them to pretend we have a moustache! A moustache. *(To the audience.)* Pretend we have a moustache! Because Christopher Walken had a moustache. But we didn't have time to grow one.

The soundtrack of the final shootout scene from Butch Cassidy and The Sundance Kid *plays very loud—and in its entirety—in the dark.*

Epigraph: In the second place, it occurred to me that the insane ought to be studied, as they are liable to the strongest passions, and give uncontrolled vent to them. Charles Darwin.

Epigraph: Make love, not sense! Anonymous.

The translator appears.

TRANSLATOR:

Реклама на обратной стороне этого спектакля гласит: Вы немного разочарованы. Я тоже немного разочарован. Вы ожидали, Кристофера Уокена. К сожалению, Кристофер Уокен упал с лестницы и не будет в состоянии выступить на сцене... Мы приносим свои извинения. И мы сделаем все в наших возможностях...

Эпиграф: Во вторых, мне пришло в голову, что душевно больные должны быть изучены, так как они находятся под влиянием самых сильных страстей, и неконтролируемо дают им отдушену. Чарльз Дарвин.

Эпиграф: Занимайтесь не смыслом, а любовью! Анонимно.

Epigraph: —

Or no. Flyleaf here… Flyleaf.

A long stillness representing the flyleaf.

Chapter one.

Am I sorry I did it?
I don't know.
I'm not even sure I did it.
To tell you the truth.
Frankly.

A long table.
A bag of dirt.
These words seem to go here.

Look. All I ever said was,
With one I hand I can only lift fifty-four pounds, but with both hands I can lift one hundred and eighty. Or even two hundred pounds. From this I conclude that two men are not twice as strong as one, but three times, perhaps even more.

All I ever said was,
In twenty-five years' time, we shall all be dead, thank the Lord. In two or three years' time apoplexy will carry you

Эпиграф: —

…Флайлиф

Сожалею ли я, что я это сделал?
Я не знаю.
Я даже не уверен, что это я сделал,
сказать вам правду.
Честно говоря.

Поймите. Я всего-лишь говорил, что одной рукой я поднимаю только полтора пуда, а двумя — пять, даже шесть пудов. Из этого я заключаю, что два человека сильнее одного не вдвое, а втрое, и даже больше…

Я всего-лишь говорил, что через двадцать пять лет нас уже не будет на свете, слава богу. Года через два-три вы умрете от кондрашки, или я вспылю и всажу вам

off, or else I'll blow your brains out, my pet. And then I took a scent-bottle out of my pocket and I sprinkled my arms and chest with it.

All I ever said was,
When a man talks philosophy, well it is philosophy, or at any rate sophistry, but when a woman, or two women talk philosophy, it's all my eye. But I meant nothing by it, and I said so. And then there was a pause.

All I ever said was,
I knew why the railway station should be thirteen miles away. Because if it were near it wouldn't be far off, and if it were far off, it couldn't be near. And then there was an… awkward pause. And then feebly I said, feebly if you remember I said, There there.

I said, The Baron will go without his dinner if you will only let him talk philosophy. There there there, I said, and then I went into the dining room.

All I ever said was,
There there there, and the Baron said, Vasily Vasilyevich, that's enough. Be quiet! And all I ever said was There there there.

Then someone, not me but someone said,
Let's all get drunk
and make life purple for once!

пулю в лоб, ангел мой. И тогда я вынул из кармана флакон с духами и опрыскал себе грудь, руки.

Я всего-лишь говорил, что если философствует мужчина, то это будет философистика или там софистика; если же философствует женщина или две женщины, то уж это будет — потяни меня за палец. Но я ничего не хотел этим сказать, и я так и сказал. А потом была пауза.

Я всего-лишь говорил, что я знал, почему вокзал железной дороги в двадцати верстах. Потому что если бы вокзал был близко, то не был бы далеко, а если он далеко, то, значит, не близко. А потом ... Неловкое молчание. И тогда я сказал, тонким голосом, если вы помните, я сказал: цып, цып.

Я сказал, Барона кашей не корми, а только дай ему пофилософствовать. Цып, цып, цып, я сказал. А потом я пошел в столовую.

Я всего-лишь говорил:

Цып, цып, цып, и барон сказал Василий Васильич, прошу вас оставить меня в покое... И все, что я сказал, было Цып, цып, цып.

Потом кто-то, не я, а кто-то сказал:

Выпью рюмочку винца! Эх-ма, жизнь малиновая, где наша не пропадала!

All I ever said was,
If he was my child I'd roast him on a frying pan and eat him.
It's true that I said that but it was
woefully misconstrued.
But so I said that and so but then you may remember
that I took my tumbler at that point
into the drawing room and I sat in a corner
alone.

You may also remember that then
they were looking for the pastries, which apparently had disappeared mysteriously and someone accused me, mysteriously, of course of eating them all. Of course. Someone accused me. Of eating all of the pastry. I was the one accused, of course, but there was no proof. There was no proof nor no evidence that I had eaten the pastries.

And then you may recall the Baron came over with his flask and said, Let's make peace. And he offered me a drink, which I took, and then all I ever said was, Why make peace? I haven't quarreled with you. And then he called me strange and all I ever said was, "I am strange, but who is not?"

It was a literary reference, which the Baron didn't get, and then I confessed, if you remember, I confessed I said, When I'm with one other man, I behave just like everybody else, but in company I'm dull and shy and… talk all manner of rubbish. You see I'm aware of that. I was aware of that! And then I said, But I'm more honest and

Я всего-лишь говорил:

Если бы этот ребенок был мой, то я изжарил бы его на сковородке и съел бы. Это правда, что я так сказал, но это было к сожалению неправильно понято.

Но, ну, я так и сказал, и, ну, так, но тогда, вы наверное помните что я пошел со стаканом в гостиную и сел в угол.

Сам по себе.

Вы может быть также помните, что они искали конфекты, которые, видимо, таинственно исчезли, а кто-то обвинил меня, загадочно, конечно, в том что я их сьел. Конечно. Кто-то обвинил меня. В том что я сьел все конфекты. Я был обвинен, естественно, но не было доказательств. Никаких доказательств. Никаких улик в том , что я съел все конфекты.

И потом, возможно вы помните, барон подошел с коньяком и сказал: давайте мириться. И он предложил мне выпить, и я принял, а затем я только сказал: Почему мириться? Я с вами не ссорился. А потом он сказал что у меня характер странный. И я сказал всего-лишь: "Я странен, не странен кто ж!"

Это была литературная ссылка, которую барон не понял, а потом признался, если вы помните, я признался, я сказал: Когда я вдвоем с кем-нибудь, то ничего, я как все, но в обществе я уныл, застенчив и... говорю всякий вздор. Вы видите, я знаю об этом. Я знал об этом! Но все-таки я честнее и благороднее

more honorable than very, very many people. And I can prove it. And then the Baron said, You make me mad. Let's drink. So I said, Let's drink. And we did.

And then all I ever said was,

I never had anything against you, Baron. But my character is like Lermontov's. I even rather resemble Lermontov, they say... And then all I did was again take the scent-bottle from my pocket from my pocket and scent my hands.

And then all I ever said was—

Well, then I made further literary reference that was further lost on the Baron, and then someone came in with a book and sat by the table.

Then someone else came in, and we had a misunderstanding. A simple misunderstanding about whether or not cheremsha is a meat or a vegetable. About whether or not cheremsha is roast mutton—or a plant, something like an onion. It is a plant I tell you, a sort of onion, which I never ate because I hate it because it smells like garlic. And I said so. It was a simple misunderstanding, but e'eryone went crazy. And then they were talking about the university and all I ever said was, Which one? There are two universities in Moscow. Two, I tell you. There are two universities in Moscow! I said. And murmurs and hushes for some reason passed over the room. There *are* two universities in Moscow: the old one, and the new one. And if you don't like to listen, if my words annoy you, then I need not speak. I can even go into another room I said.

очень, очень многих. И могу это доказать. И тогда барон сказал: Вы сведёте меня с ума. Давайте выпьем коньяку! И я сказал, Выпьем! и мы так и сделали.

И тогда я сказал:
Я против вас, барон, никогда ничего не имел. Но у меня характер Лермонтова. Я даже немножко похож на Лермонтова... как говорят... И тогда всего лишь, я вновь взял из кармана флакон с духами и опрыскал себе руки.

И тогда, Я всего-лишь говорил, ну, я сделал дальнейшие литературные ссылки, которые барон тоже не понял, а потом кто-то пришел с книгой и сел за стол.

Потом кто-то еще вошел, и у нас было недоразумение, простое недоразумение по поводу того что черемша ето мясо или овощ. О том что черемша является жареной бараниной или растением, что-то вроде лука. А я вам говорю, черемша — Это растение, растение вроде вашего лука, который я не ел, потому что терпеть не могу, От черемши такой же запах, как от чеснока. Да, я так и сказал. Это было простое недоразумение, но все ошалели. И тогда они говорили об университете и я сказал: какой? В Москве два университета. Я вам говорю — два. В Москве два университета, я сказал, и ропот и шиканье почему-то пошли по комнате. В Москве — два университета: старый и новый. А если вам неугодно слушать, если мои слова раздражают вас,

And meeting with no resistance, I did.

Karen turns to a wall and sings "Going Out of My Head" by Little Anthony & the Imperials.

(Singing.) Well I think I'm going out of my head
Yes I think I'm going out of my head
Over you, over you

I want you to want me
I need you so badly
I can't think of anything but you

And I think I'm going out of my head
'Cause I can't explain the tears that I shed
Over you, over you

I see you
Each morning
But you just walk past me
You don't even know that I exist

Going out of my head over you
Out of my head over you
Out of my head day and night
Night and day and night
Wrong or right

I must think of a way
Into your heart

то я могу не говорить. Я даже могу уйти в другую комнату... И не встретив сопротивления, я так и сделал.

Мне кажется я схожу с ума

По тебе

Я хочу, чтобы ты хотела меня
Ты нужна мне
Я не могу думать ни о чем другом

Мне кажется я схожу с ума
Так как я не могу объяснить слезы, которые я пролил
По тебе

Я вижу тебя
Каждое утро,
Но ты проходишь мимо меня
Ты даже не знаешь, что я существую

Схожу с ума по тебе
Схожу с ума по тебе
Я схожу с ума
День и ночь
Так или не так

Я найду путь
К твоему сердцу

There's no reason why
My being shy
Should keep us apart

And I think I'm going out of my head
Yes I think I'm going out of my head

* * *

(Speaking to Irina.) When I came back, you were deep in thought you may remember and I said, There's nobody here. Where are they all?

You said, They've gone home.

I said, How strange. Are you alone?

You said, Yes, alone. Good-bye.

I said, Just now I behaved tactlessly, with insufficient reserve. But you are not like all the others, you are noble and pure, you can see the truth. You alone can understand me. I love you deeply, beyond measure, I love you.

You said, Good-bye! Go away.

I said, I can not live without you. I followed you (though it's not clear you were going anywhere or where you were going but apparently, I followed you) saying, Oh, my happiness! I said (through tears so I must have been crying) I said, Oh, joy! I said, Wonderful, marvelous, glorious eyes, such as I have never seen before…

You said, Stop it, Vasily Vasilyevich! (Everyone was always saying Stop it, That's enough, Be quiet, Vasily Vasilyevich. It's enough to drive anyone mad. Anyone!)

I said, This is the first time I speak to you of love, and it is

То что я стесняюсь
Не должно удержать нас
Друг от друга

Мне кажется я схожу с ума

* * *

Когда я вернулся, вы в раздумье ходили по комнате, возможно вы помните, и я сказал, Никого нет. А где же все?

Вы сказали, что ушли домой.

Я сказал: Странно. Вы одни тут?

Вы сказали: одна. Прощайте.

Я сказал: Давеча я вел себя недостаточно сдержанно, нетактично. Но вы не такая, как все, вы высоки и чисты, вам видна правда... Вы одна, только вы одна можете понять меня. Я люблю, глубоко, бесконечно люблю...

Вы сказали, Прощайте! Уходите.

Я сказал, Я не могу жить без вас. Я следовал за вами (хотя не ясно было, что вы шли куда-либо или куда вы собирались идти, но, видимо, я следовал за вами), О, мое блаженство! Я сказал (сквозь слезы, так должно быть я плакаl), О, счастье! Я сказал, Роскошные, чудные, изумительные глаза, каких я не видел ни у одной женщины...

Вы сказали, Перестаньте, Василий Васильевич! (Все всегда говорили, перестаньте, полно, молчите,

as if I am no longer on the earth, but on another planet, made of linoleum.
I said, Well. Never mind. I can't make you love me by force, of course… But I don't intend to have any more-favored rivals… No… I swear to you by all the saints, I shall kill my rival. …Oh, beautiful one! I said,
and then someone came in with a candle.

* * *

The goal of the honorable duel was often
not so much to kill the opponent as to gain
"satisfaction." That is: to restore one's honor
by demonstrating a willingness to risk one's life for it.

Only gentlemen were considered to have honor, and duels were reserved for social equals.

Commoners might duel one another occasionally, but if a gentleman's honor was offended by a person of a lower class, he would not duel him, but would simply beat him with a whip, or have his servants do so.

Formal dueling is virtually now never practiced, although it might be in some places still legal. In Paraguay, it's still legal. As long as both parties are registered blood donors.

…

Василий Васильевич. Этого достаточно, чтобы любого свести с ума. Любого!)

Я сказал: Первый раз я говорю о любви к вам, и точно я не на земле, а на другой планете. Из ленолиума.

Я сказал: Ну, да все равно. Насильно мил не будешь, конечно... Но счастливых соперников у меня не должно быть... Не должно... Клянусь вам всем святым, соперника я убью... О, чудная! — я сказал.

И тогда кто-то прошел со свечой.

Цель почетного поединка заключается не в том чтобы убить противника, а в том чтобы получить "удовлетворение". То есть, для восстановления своей чести, дуэлянт демонстрирует готовность рисковать своей жизнью чтобы получить удовлетворение. Считалось что честь принадлежала только аристократом, и как правило, дуэли проводились только внутри определенных общественных слоев. Однако, хотя простой народ мог вызывать друг друга на дуэль время от времени, если честь джентльмена оскорблена человеком более низкого сословия, то он не вызывал бы этого человека на дуэль, а просто отстигал бы его кнутом или приказал бы слуге. В настоящее время дуэль запрещена законодательством подавляющего большинства государств мира, хотя в Парагвае она по-прежнему разрешена, но только в том случае если оба участника являются зарегистрированными донорами крови.

All I ever said was, It's all the same to me.
All I ever said was, Good-bye.
All I ever did was
leave. I left. I did leave.

I'm sorry. Can I get a glass of tea? Or a pear? What I would really like now is a pear. Look. I know I don't deserve anything. But this is difficult. I don't like to remember these things. I'm just trying to get the beginning out of the way.

I'm awkward. I know. I know I made things difficult and awkward.

I know I have been portrayed as a
television, a babbling
television that couldn't get tuned in. I know I was—
Or rather I wasn't—

But I was in bad company! I was in bad company
with good people.

I didn't belong in the army. I like to think nobody does. But maybe some people do. But I didn't. Pretend I'm a soldier! I did.

People shouldn't have jobs that they're not cut out for. People shouldn't do jobs that they're not cut out for. If you're a waitress, you shouldn't work as an editor. If you're a mechanic, you shouldn't work as a philosopher. If you're

Я прошу прощения. Могу ли я попросить стакан чая? Или грушу? Я действительно хотел бы сейчас грушу. Поймите. Я знаю, что не заслужил. Но мне тяжело продолжать. Я не люблю вспоминать об этом. Я всего-лишь пытаюсь отодвинуть начало в сторону.

Я человек неловкий. Я знаю. Я знаю, что я создавал тяжелую и неловкую ситуацию.

Я знаю, что я был изображен телевизором, как лепещющий телевизор, который невозможно настроить. Я знаю, что я был...

Вернее, я небыл —

Но я был в дурной компании! Я попал в дурную компанию с хорошими людьми.

В армии я был не на своем месте. Мне нравится думать, что это распространяется на всех. Но, возможно, некоторые люди... Но я был не на своем месте. Вообразите, что я солдат! Я так и вообразил.

Люди не должны сидеть на рабочих местах, на которые они не годятся. Люди не должны работать там, где они не на своем месте. Если вы официантка, вы

a philosopher, you shouldn't work as a maid. If you're an astrologer, you shouldn't work as a meteorologist.

If you're a landscaper, you shouldn't work as an insurance salesman.

Bad things. Come of this. I'm telling you. Bad things
come of this.

The last time I had a glass of tea it was a nightmare. So I would really prefer a pear if you have a pear. A Bartlett? Pear? Bartlett pears cannot have cracks in them, or hairs in them, and so are less likely to bring about certain… horrors—that ruin the moment.

On the off-chance that I am just waiting now
for one of you to bring me a pear—
On the off-off-chance that we find ourselves now here amid a pause here which might be eventually, mercifully interrupted by a pear, I will go on. Until it comes.

(I hope it comes.)

It doesn't come.

But of course.
Well, it's true. I don't deserve anything. But you should know. You should know: I crawled a long way to get here.

не должны работать в качестве редактора. Если вы слесарь, вы не должны работать в качестве философа. Если вы философ, вы не должны работать прислугой. Если вы астролог, вы не должны работать метеорологом.

Если вы ландшафтный дизайнер, вы не должны работать в качестве страхового агента. Только зло прийдет из этого, я вам говорю. Ничего хорошего из этого не выйдет.

Последний раз что я выпил стакан чаю произошел кошмар. Так что я действительно предпочел бы грушу, если у вас есть груша, Бартлетт например? Груша? В грушах Бартлетт не может быть трещин, и волосков в них не бывает, и поэтому менее вероятно, что они приведут к определенным ... ужасам, и испортят момент.

На всякий случай, если я жду теперь, чтобы кто-то из вас принес бы мне грушу... На всякий-всякий случай, если мы находимся сейчас здесь, посреди паузы, которая может наконец, к счастью, быть прервана грушой... ... я продолжу. Пока не появится. (Я продолжаю надеется, что она появится.)

Но, конечно же...

Действительно, я ничего не заслужил. Но вам надобно знать. Вы должны знать:

Next you may remember of course you remember it's what everyone remembers is the fire. You may remember that everything burned at this point. (If you can't find a pear, I would totally settle for an orange.) You may remember that I came over then, at the fire point, after the fire, I came over, and you may remember that they said, that she said, that you said, No. You can't come here, Vasily Vasilyevich. Please go away.

Enough. Be quiet. You're strange. Go away. Stop it. Go away. You can't come here. Go away please. Please, go away.

And all I ever said was, Why can the Baron come here and I can't?

Someone said, How is the fire? And I said, They say it's going down. No, I absolutely don't see why the Baron can and I can't.

I scented my hands.

My hands while people hummed or—

Someone said Let's go into the dining room, and all I ever said was Very well, we'll make a note of it. "If I should try to make this clear, the geese would be annoyed, I fear." I looked at the Baron. I said There there there. I went out. And as I went out I heard them talking as I left about how I smelt of tobacco. Smells of tobacco. Ate all the pastries. Good god before I ever even uttered a syllable the Baron said, I'm tired of listening to the rot you talk. In front of everyone! He said that in front of everyone! I hadn't even said anything! I hadn't even said a single thing yet. I'm tired … of listening … to the rot … you … talk.

Далее вы помните, конечно, вы помните -- это то, что все помнят -- что был пожар. Возможно, вы помните, что на этом месте все сгорело. (Если нет груши я согласился бы на апельсин). Возможно, вы помните, что я приехал затем, в момент пожара, после пожара, я подошел, и вы может помните, что они говорили, что она сказала, что вы сказали, Нет, пожалуйста, уходите, Василий Васильич. Сюда нельзя.

Полно. Молчите. Смешной. Уходите. Оставте. Уйдите. Вам нельзя сюда. Уйдите, пожалуйста. Пожалуйста, уйдите.

Я сказал всего-лишь: Почему же это барону можно, а мне нельзя?

Кто-то сказал, Как пожар? и я сказал: Говорят, стихает. Нет, мне положительно странно, почему это барону можно, а мне нельзя?

И я вынул флакон с духами и опрыскался, в то время как люди триндели, или…

Кто-то сказал, Пойдемте в залу, и я сказал всего-лишь Хорошо-с, так и запишем. Мысль эту можно б боле пояснить, да боюсь, как бы гусей не раздразнить… Я посмотрел на барона. Я сказал, Цип, цип, цип. … Я вышел. И пока я выходил я услыхал их разговор, пока я уходил, о том насколько от меня пахнет табаком. Пахнет от него табаком. Съел все конфекты. Бог мой, я еще не успел произнести и слога, как Барон сказал, Такой вы вздор говорите надоело вас слушать. У всех на слыху! Он так сказал, перед всеми! Я даже не успел

My feet hurt. Do anyone else's feet hurt? My feet hurt. All the time.
And they're always—hot.
Except when they're cold.

Would you
tell them that?
Tell them I said that.

All I ever wanted was something that was mine. A little… bundle of joy. All I ever wanted to say was, This is my baby, Many Butterflies. And my other baby, Abundance of Fish. And my other baby, Lots of Trees. This is their mother, my wife, Distant, also known as Far Away. Is that too much to ask? Was that? Too much to ask?

So. No pear. No orange hunh?

OK, you may remember that all I ever said after that wouldn't make much sense out of context. From where you were sitting, I crossed by upstage and said some things that didn't relate to much. You may remember that the last thing I said was not even my own words. You may remember that the last thing I said was, "But he, the rebel, seeks the storm, As if the storm will bring him rest." And

произнести и слова! Ни одного слова еще не сказал. Такой вы вздор говорите, надоело вас слушать.

У нее болят ноги.

Я хотел всего-лишь что-то свое, собственное, и больше ничего. Маленький пучок счастья. Я хотел всего-лишь сказать, вот мое дитя, Множество бабочек. И второе мое дитя, Обилие Рыб. И третья мое дитя, Полно Деревьев. Это их мать, жена моя, Отвлеченная, по прозвищу Далекая. Разве я слишком многого прошу? Разве многого просил?

Ну что. Нет груши? И апельсина тоже?

Ладно, вспомните, что все, что я говорил после этого, не имело по большому счету никакого смысла вне контекста. Оттуда, откудо вы сидели, я прошел в глубину сцены и сказал несколько фраз не относящихся ни к чему. Возможно, вы помните, что последнее, что я сказал, были вовсе даже и не мои слова. Вспомните, что последнее, что я сказал, было,

his last words were, the last thing he said was, I haven't had any coffee today. Tell them to make me some.

***

Going forward, I should tell you, if I break down crying, think nothing of it.
If I don't break down crying, think nothing of that.
I'm never sure which
is appropriate and or which
is going to happen.

We have come this far, which is about… a certain number of miles.
I'm not sure the fuel gauge is working so I'm not sure if we are going to run out of gas soon or whether we have traveled thirty-three miles or a hundred and thirty-three. I have no idea how much they'll charge us or what they'll charge us for if the fuel gauge isn't working and also, I'm not sure if we might not run out of gas soon and have to stop, pull over on the side of the road. Fortunately, it looks like your shoes have good soles so. If we have to walk, we have to walk. Maybe you like to walk.
It's lightning. Does that scare you? It doesn't scare me. It scares me a little. Everything scares me a little. Not anymore. I've been through so much!
I can tell you, I'm not sure about what we're doing. Whether it's a good idea.

“но он, мятежный, ищет бури, как будто в буре есть покой.” А его последние слова были… последнее, что он сказал было: Я не пил сегодня кофе. Скажешь, чтобы мне сварили…

Oh, it's raining now. That's relaxing. And worrisome. I like the rain. But I gave my tent away. What if we run out of gas and have to spend the night? What will we sleep in? In the rain? Will we be protected? By what? Of course there's the van. We don't need a tent because we have the van. We're in a van and so we don't need the tent but it would be best not to run out of gas.

Clearly you would like to make a picnic and have a nice day. Who wouldn't? But certainly you can see that I have somewhere to go, someplace to get, and don't have time for a picnic right now but really only have time for these pre-made sandwiches which are packaged in plastic. Yours has turkey *and* tuna-fish on it. That's really weird, it's true. But I'll pay for it. And that won't make it less weird, but it will make it likely that you will say less about it, complain less about it.

I'm sorry. That God—or the Universe—or your Own Strange Willingness has brought you on this bizarre errand with me. I'm sorry. But now it is done and there is no undoing it. My sandwich only has salt on it if that's any consolation. Various pastes and textures made of nothing but saltiness. I too would have preferred a picnic and a dip in the river, but it is raining now and we are running out of time. Small carrots. Small carrots would have been nice. Especially if the middles of them were not somehow deformed and wooden. Woody. In such a way that gets stuck in the teeth and is impossible to chew. Small carrots that were not like that would have been nice just now if there had been time. Small, tender carrots is all I'm saying. All I've been trying to say.

Perhaps there will be a future. Perhaps after all there will be a future, and in it we will sit around in the yard in cotton clothes, barefoot, and we won't get ticks, and bees won't sting us, and we won't be in love with anyone, and we won't need to have jobs, and we won't have allergies. Perhaps then, we will unwrap our salamis and cheeses, tear off bread in chunks in handfuls, stuff our mouths and stop talking, stop talking for just long enough—

What the hell kind of bird is that?
What the hell kind of bird is that?
With a breast so daringly orange?
Wings, so shamelessly black?
If that weren't the beauty that could save the world, I might consider it an outrage. At this moment. To be so bright. Under such circumstances.

In the meantime, thank you for coming with me. As it is. As things are. We've got six grapes and half a candy bar. I think that's enough. I've got a pound of postcards and twenty-five of last year's stamps. But if we put them together, if we pool our resources, we could send word. We got a can of soup, a tin of sardines, a couple of eggs. We could call it breakfast. We don't have far to go. It's just around this bend. See the river? It's terrifying right now. But soon, it'll calm down. And someday, we can put our feet in it.

* * *

Chapter three, part five!

The last thing I said was,
"He, the rebel, seeks the storm, as if the storm will bring him rest."
The last thing he said was,
I haven't had any coffee today. Tell them to make me some.

And then a shot was heard in the distance. A single shot was heard in the distance. A gunshot was heard from the distance. A single shot was fired and you heard it. And now, I'm standing here, and he isn't.
I'm here. And he isn't.
And she has turned into a flowering tree.
You have turned into a flowering tree. One real pure flowering tree, as will happen to people under such circumstances. You have become what people will become under such circumstances.

They came back. Someone came back and told you that the Baron had been killed in the duel. And so of course it was assumed that I had killed him. Someone came back and told you that he'd been killed, which was true, and so you believed that I had killed him. Of course. Why wouldn't you? After e'erything else I had said and done. And of course it was true that I fired the shot that killed the Baron. It was a single gunshot from my gun that I shot that killed the Baron. But there was speculation. There was speculation that he wanted to die.

Последнее, что я сказал:

"Но он, мятежный, ищет бури, как будто в буре есть покой."

Последнее, что он сказал:

Я не пил сегодня кофе. Скажешь, чтобы мне сварили...

Потом раздался выстрел в дали. Слышен глухой далекий выстрел. Далекий выстрел раздался из далека. Один выстрел, и вы услышали выстрел. И вот, я стою перед вами. А он не стоит перед вами.

Я здесь. А его нет.

И она превратилась в цветущее дерево.

Вы превратились в цветущее дерево. Одно настоящее чистое цветущее дерево, как бывает с людьми при таких обстоятельствах. Вы стали тем, чем люди становятся при особых обстоятельствах.

Они вернулись. Кто-то вернулся и сказал, что Барон убит на дуэли, и поэтому, естественно, предполагалось, что это я убил его. Кто-то вернулся и сказал, что он был убит, и это было правдой, и вы поверили этому, тому что я убил его. Конечно. Почему бы нет? После всего того, что я говорил и делал. И, конечно, и действительно это был мой выстрел, который убил барона, это был единственый выстрел из пистолета, которым я выстрелил, который убил барона. Но были и подозрения. Существовало подозрение, что он хотел умереть.

Because he knew she didn't love him. The flowering tree. He knew she didn't love him and so he wanted to die and so there was speculation. That he allowed himself to be killed. In the duel. There was speculation and it was reasonable.

And if he allowed himself to be killed because he wanted to die because he knew she didn't love him, and that with him, that with him she would not ever have turned into a flowering tree or anything even like a flowering tree—nothing like the human life equivalent of a growing, blossoming, and flourishing thing—he knew she wouldn't with him turn into that and so he wanted to die.

And so he allowed himself
to be killed. In the duel.

If he allowed himself to be killed in the duel, and if he allowed me to do it, is that the same as me killing him? Is that the same as I killed him? Did I kill him? Did I turn her into the flowering tree? Not *a* flowering tree but *the* flowering tree, did I turn her into that from human? And she is beautiful now, if a little wild, and so how can I know if I'm sorry I did it if I don't even know whether I did it? To tell you the truth. Frankly. Because there was speculation. There was. There was speculation and there is. What will happen. Under certain circumstances. Are you the cause of it? Are you? Was I?

Потому что он знал, что она его не любит. Цветущее дерево. Он знал, что она не любила его и поэтому он хотел умереть и поэтому было подозрение. В том, что он позволил себя убить. На поединке. Существовало подозрение, и это было разумно.

И если он позволил себя убить, потому что он хотел умереть, потому что он знал, что она его не любит и что с ним, с ним она бы никогда не превратилась в цветущее дерево или даже во что-нибудь еще, вроде цветущего дерева — во что-либо подобное эквиваленту человеческой жизни, растущей, цветущей и процветающей вещи — он знал, что с ним она никогда бы не превратилась во что-либо такое, и потому он хотел умереть.

И потому он позволил себе быть убитым на поединке.

Если он позволил себе быть убитым на поединке, и если он позволил мне это сделать, разве является это тем же самым как мне убить его? Тоже ли это, что я его убил? Убил ли я его? Разве я превратил ее в цветущие дерево? Не просто в цветущие дерево, а имено в то цветущее дерево, в которое я превратил ее из человека? И она красивая теперь, если даже немного одиковелая. И как мне знать, со- жалею ли я, что поступил так, если я даже не знаю, мог ли я быть причиной? Чтобы сказать вам правду. Честно говоря. Потому что было подозрение. Было. Существовало подозрение. И сейчас существует. Что

And all those other things. All those other things. So many of them were—misunderstandings. Misunderstandings!

I did actually eat all of the pastry. That is one thing that I did do and did want to confess and apologize and ask forgiveness for. I did eat all of the pastry.

I don't know what came over me! I was starving for it. All of a sudden. I don't know what came over me! There was such a lack of sweetness. In my life. I was feeling so mean. So mean and so—Yeah. I did do that.

And there were so many other things. Things you weren't even aware of.

произойдет при определенных обстоятельствах. Вы ли причина этого? Вы ли? Был ли я?

И все остальое. Все остальое. В основном, в большинстве это были недоразумения. Недоразумения!

Я на самом деле съел все конфекты. Вот это единственное, что я действительно сделал и я хотел признаться в этом и принести извинения и попросить прощения. Это я съел все конфекты.

Я не знаю, что на меня нашло! Я проголодался, я жаждал их. Неожиданно. Я не знаю, что на меня нашло! Такое отсутствие сладости. В моей жизни. Я чувствовал себя так гнусно. Так гнусно, и так… Да… Я виноват.

И было так много всякого другого. Того, о чем вы даже не подозревали.

THREE.

KAREN: *(To TRANSLATOR.)* Could you help me with this?

They tape violets to her wrists. She laces up her boots or does some other gesture as preparation for soldiering.

Look.
It was a tricky situation we were in.
Because on the one hand,
we were under tremendous pressure.
There wasn't actually a war going on,
but there could have been
a war going on
at any minute.
Probably there was a war going on somewhere. There usually is. But anyway,
we had to be ready.
And this really can
take a toll on your nervous system,
y' know?

And then on the other hand,
we really had nothing to do all day long.
Day after day, day in and day out.
Because there was really nothing
going on, y'know?
But there was always the threat of something going on,
and this really can take a toll on your
sanity and also—

TRANSLATOR:

Поймите.
Ситуация была непростая.
Потому что, с одной стороны,
мы находились под огромным давлением.
Не было на самом деле войны,
но могла быть
война
в любую минуту.
Наверное, там где-то и шла война.
где-то обычно идет. Но в любом случае,
нам надо было быть на готове.
И это может действительно
принести ущерб нервной системе,
понятно?

А с другой стороны,
нам нечего было делать с утра до вечера.
День за днем, со дня в день.
Потому что на самом деле ничего не происходило,
понятно?
Но всегда была опасность что что-нибудь произойдет,
и это может действительно принести ущерб
душевному здоровью, а также —

Well on your feeling of—
Well on your sense of
self-worth.
And so some of the men—
I'm not naming names but some of the men—
Well OK myself for example we—

(To STAGE MANAGER.) We could really use a long table here! We could really use that bagga dirt!

STAGE MANAGER:

KAREN: Anyway, I was saying, some of the men we
had certain *cards* we were dealt—to begin with, certain *cards* that didn't play so well in most games if you know what I mean. I mean we had our… sensitivities, we had our… *eccentricities.* We were human. We were men. And there were certain… *chinks* in our armor. We were poets! Some of us. We were poets and—Or at least, we looked like poets. Or at least, *I* looked like a poet. Or so they said. They said I looked exactly like the most famous poet in the country as a matter of fact.
But yeah. People told me that all the time they'd say It's uncanny! And I'd say Really? And they'd say Yes! And I didn't know.
I had never seen the man myself. But when I did finally get to see him, not him in person, not him in real life, but a… drawing of him, a… How do you say it? A likeness. I thought so too. I could see why they'd been saying that all along because

Ну, чувству —
Ну, ощущению
самоценности.
И поэтому некоторые из мужчин —
Не называя имен — некоторые мужчины —
Ну скажем я сам, например, мы —

Но в любом случае, некоторые из нас, нам были выданны определенные карты — с самого начала, определенные карты не имевшие пользу во многих играх, если вы понимаете мой намек. Я хочу сказать, у нас были ... чувствительные места, у нас были ... странности. Мы были людьми. Мы были мужчинами. И были у нас ... пробелы в нашей брони. Мы были поэты! Некоторые из нас. Мы были поэты и — или, по крайней мере, мы были похожи на поэтов. По крайней мере, я был похож на поэта. По крайней мере так говорили. Они говорили, что был похож в точности на самого известного поэта в стране, если по честному.

Мне говорили, все время говорили, Это невороятно! И я отвечал, Неужели правда? А они говорили: Да! А я не знал.

Я не видал его своими глазами. Но когда я, наконец, имел возможность увидеть его, не лично, не в живых,

if I had worn my hair like that and
if I had had a jacket like that and
if I had had a moustache, and a square jaw, and green eyes, and a certain... pallor—
We could be mistaken for twins! Sure.

But also some people said I was also... *like* him. That I did not only *look* like him, but that I was also... *like* him.

Something happens in Karen's mind. Something weird that she doesn't want to be happening in her mind.

But yeah. If things had worked out differently, you could have said there was some irony to the whole situation. Because the way he died, the most famous poet in the country, well he died in a duel as well. Not that I died in a duel. Obviously. Or at least: not yet! Or at least: not exactly. I mean, part of me died, that's for sure, but that's not the same...

But anyway, also in the case of the most famous poet in the country, he was challenged to the duel. Whereas in my case, I challenged someone else to the duel. And in his case, he was the one killed in the duel. Whereas in my case, it was the other man who was killed and only a part of me that...

But so anyway you can see that there is *some* similarity there.
You can see that there is *something* similar
between me
and the most famous poet in the country.

а… рисунок-портрет… Как это сказать? Его подобие. Мне тоже показалось… Я понимаю, почему они все это время так говорили, потому, что если бы я так носил волосы, и если бы у меня был такой же мундир, и если бы я вырастил усы и обладал квадратной челюстью, и зелеными глазами, и определенной… бледностью — Нас могли бы принять за близнецов! Абсолютно.

Но и некоторые люди говорили, что я не только внешне на него похож. Что я не только похож на него внешне, но и характером на него похож.

Ага. Если бы все вышло по-другому, можно было бы сказать, что во всей этой ситуации наблюдается некоторая ирония. Так как смерть постигла его, самого известного поэта в стране, именно на дуэли. Не то чтобы я погиб на дуэли. Очевидно. Или, по крайней мере: пока-что. Или, по крайней мере: не совсем. Я имею в виду, что какая-то моя часть умерла. Это точно. Но это не то же самое.

Но в любом случае, в случае самого известного поэта в стране, ему был брошен вызов. В то время как в моем случае, я бросил вызов другому. К тому же в его случае, он был убит на дуэли. В то время как в моем случае, противник был убит, и только какая-то моя часть …

Так что в любом случае очевидно, что некоторое сходство имеется. Вы находите нечто общее Между мной и самым известным поэтом в стране.

And so they just—
Some of the men they
played at leapfrog all day. At odd and even. They sucked on their pipes and exchanged prize weapons. The sentinels fell asleep at the watch-fires.

* * *

The last time we did this show, a lady walked in right in the middle of it. She walked right out onto the stage. She came right up to me and she was completely naked.
I said, Uhmm…
And she said, I thought this was my scene.
I said, …I don't think so.
She said, Oh. I could have sworn this was my scene.
And I said, Uhm. I don't even think you're in this play.
And she said, Weird. I thought for sure…
And then she goes, Yeah. That X there. On the floor. That X taped to the floor. I think that's where I'm supposed to stand.
And I said, Well, maybe go stand there then. Because she was totally naked and she was standing super close to me, and it was making me really uncomfortable.
And she goes, Wuhll, no. I mean. I'm not going to stand there if I'm not even in this play.
And I said, OK.
And then she left. She crossed out that way.
And one of the audience said, I like your costume!, just before she disappeared through that door there.

И поэтому они просто... Некоторые из мужчин, они играли в чехарду весь день. В четные и нечетные. Они потягивали трубки и обменивались лучшим оружием. Часовые засыпали у сигнальных костров.

* * *

And so they come along with their bright lights and their questions. They shine their bright lights in my face and they hurl their questions at me, they hurl their questions at me like grapeshot. They say And so. What were you thinking, Karen Vasily Vasilyevich Solyony? What were you thinking when and after the Baron, who was in some ways your friend, and who was in every way to marry the next day the only—girl you—ever loved—the completely original and incomparable, the very young and if you don't mind my saying so a little bit naive and somewhat, or rather *rather* unrealistic Irina—What were you thinking, Karen Vasily Vasilyevich Solyony, when and after Irina's fiancée the Baron was killed in the duel that you fought with him?

And I said,
What?

And they said, What were you thinking? When and after you killed Irina's fiancée the Baron in the duel?

...

I was thinking: Can't stand here like this.

Yeah. That phrase came together somewhere inside me.

И так, они приходят с яркими фонарями и с вопросами. Они направляют яркий свет в мое лицо, и бросают мне свои вопросы, они бросают свои вопросы в меня, как картечь. Говорят: О чем вы думали, Василий Васильевич Соленый? О чем вы думали, когда и после того, как барон, который был в некоторых отношениях ваш друг, и который во всех отношениях на следующий день собирался жениться на единственной девушке которую вы когда-нибудь любили, на полностью оригинальной и несравненной, очень молодой и, если вы не возражаете, я бы даже сказал, немного наивной и несколько, а точнее, весьма неадекватной Ирине — что вы думали, Василий Васильевич Соленый, когда и после того, как Иринин жених, тот самый Барон был убит в поединке на котором вы с ним сражались?

И я сказал: Что?

Они сказали: Что вы думали? Когда и после того, как вы убили Барона, жениха Ирины, на дуэли?

Я думал: не могу стоять здесь так.

Ага. Эта фраза сформировалась где-то внутри меня.

Can't stand here like this.

That's what I thought.

What would you think?

…

I did… love. And also, I was a man of my time. Of our time. But I did… love things too. I loved many things with a love that was natural. The wild West? Yeah, I loved the wild West. Cherry trees? Yeah, I loved cherry trees. Keilbasi? Yeah, I loved keilbasi. And vodka with wasabi. And sleeping horses. And I loved her too. I did love her. And I was man of my time.

Karen sanitizes her hands.

They leave the stage.

Music plays for a long time.

Не могу стоять здесь так .

Вот что я думал.

Что бы вы думали?

...

Я... любил. И в тоже время, я был человеком своего времени. Нашего времени. Но я... любил и прочии вещи. Я любил многое естественной любовью. Дикий Запад? Да, я любил и дикий Запад. Вишневые деревья? Ага. Я любил вишневые деревья. Колбасу? Да, я любил колбасу. И водку с японским хреном. И спящих лошадей. И я любил ее. Я действительно любил ее. И я был человеком своего времени.

FOUR.

KAREN: Well so anyway what I did then was run off into the woods. I ran off into the woods and taught myself how to live off the nuts and berries.

I've been campaigning with the Army since then. I've been campaigning with the Army to train us in how to survive on nuts and berries because once I was out there, on the run, I thought it was ridiculous that I should have to be teaching that to myself after all those years I spent sitting around doing nothing, and learning nothing more or less useful, nothing more or less practical, nothing peaceful and—in accordance with nature and—self-sufficient.

Of course my campaign has to be anonymous and of course I am transacting it only by postcard so. I'm not sure it will have any... effect. But I am doing it anyway. It feels responsible to do it or at least—it feels un-responsible not to do it and so I am doing it and who knows. Surely nothing will happen if I don't do it and maybe nothing will happen if I do do it but this kind of a thing, it's a gamble you take, on the off-chance. On the off-off-chance. And also, it has something to do with your conscience.

Also, I've been campaigning with them to train us in how to deal with boredom, immoral impulses, and the gradual loss of our reason *before* we get stationed at our posts. Because once these faculties have deteriorated, as they are apt to do under such circumstances, it is very difficult to go back, to restore, to return to... health, and balance, sanity, and normal life. It is possible, but it is very difficult, and it shouldn't be so difficult. Or at least, we should

TRANSLATOR: Ну так, в любом случае, тогда я убежал в лес. Я убежал в лес и научился питатся орехами и ягодами.

С тех пор я провожу кампанию в Армии. Я провожу кампанию в Армии по подготовке к выживанию орехами и ягодами, потому что когда я был в лесу, в бегу, мне казалось смехотворным, что мне самому приходилось учиться выживанию после всех тех лет в течение которых я просидел [в армии], ничего не делая, и обучаясь ничему более или менее полезному, ничему более или менее практичному, или мирному, соответствуещему природе... самодостаточности. Естественно, моя кампания должна быть анонимной и я, естественно, провожу ее только почтовыми открытками. Я не уверен, что это к чему-либо приведет. Но я провожу кампанию в любом случае, так как я чувствую ответственность, или по крайней мере, мне кажется безответственным не проводить кампанию, и поэтому я провожу кампанию, и кто знает... Конечно, ничего не изменится, если я не буду проводить кампанию, и, скорее всего, ничего не изменится, если я буду проводить кампанию, но такая вещь — авантюра... на авось. А вдруг... А также, это имеет какое-то отношение к совести.

Кроме того, я провожу кампанию за то чтобы Армия готовила нас к борьбе со скукой, с аморальными импульсами, и с постепенной утратой нашего разума до того, как назначить нас на свои посты. Потому что как только наши способности начнут ухудшаться, как они склонны ухудшаться при таких обстоятельствах, очень трудно

get some assistance. But so anyway in the meantime I taught that to myself.

I should say though that it isn't so
easy
to live off nuts and berries.
To wander around in the larchwood, the flora and fauna, in the tall pines, in the eucalyptus and other—trees of Russia.

I became ill. Finally, I fell ill and I fell down. In the forest.

I dreamed a staircase
that led to an escalator
that led to an elevator
that took me to a helicopter.
The helicopter dropped me off
in a bed that was in a room that was in a house that was on an island.

On the island, I dreamed a doctor.
I said, I'm ill. I believe that I'm ill.
What are your symptoms? the doctor said.
I said, I feel nothing.

Then you're probably not ill he said. Usually when you're ill, when one is ill, he feels many things. Symptoms include pain, dry mouth, irregular menstrual periods, constipation, boils, obsessive buttoning and unbuttoning of the sweater. Excessive itching, stomach ache, leg cramps,

вернуться назад, восстановиться, вернуть… здоровье и равновесие, вернуться к здравомыслию и нормальной жизни. Возможно, но нелегко, и этого не должно быть. Или, по крайней мере, нам надобно предоставить в этом некоторую помощь. Но так или иначе, между делом, я обучился всему сам.

Я должен сказать, однако, что это не так уж легко питатся лишь орехами и ягодами. Бродить в лесу посреди лиственниц, флоры и фауны, в чащах высоких сосен, под эвкалиптами и другими деревьяими России.

Я заболел. В конце-концов, я заболел в лесу, и не устоял на ногах..

Мне приснилась лестница
которая привела к эскалатору
который привел в свою очередь
к лифту
который доставил меня
к вертолету.
Вертолет высадил меня
в постели, в комнате, в доме, на острове.

На острове, мне приснился врач.
Я сказал, что я болен, я считаю, что я болен.
Каковы симптомы? сказал врач.
Я сказал, я ничего не чувствую.
Тогда вы, наверное, не больны, сказал он. Обычно, когда вы больны, когда человек болен, он многого

burning in the eyes, illusions of grandeur or irrational fantasies of extracting gold from the urine. A kind of twitching is common. Or blushing? Migraines, insomnia, weight loss, weight gain, memory loss, memory gain, loss of appetite, lack of appetite, sleepiness, distraction, vomiting, pain. Did I say pain? Do you have any of those?

I said, As I said, I feel nothing.

Then it sounds like you're dead, said the doctor.

Ha ha! No I'm joking. I'm joking! Obviously you're not dead. Although…
No, I'm joking!
What do you feel again? he said
And again I said,
I feel nothing.

Play some golf, he said. Eat an extra helping of porridge at breakfast. Read Shakespeare. All of it! Every syllable.
I don't want to read Shakespeare I said, I will not read Shakespeare. He was a misanthrope I said. No that was Moliere said the doctor. No that was all of them I said. The whole lot.
Read Walt Whitman he said.
Walt Whitman hasn't been born yet I said.
What the—Of course he's been born.
He hasn't been born yet I tell you!
Fine then he said. It'll give you something to look forward to.

всего чувствует. Симптомы включают боль, сухость во рту, нарушение менструации, запор, фурункулы, навязчивое застегивание и расстегиваие свитера. Чрезмерный зуд, растройство желудка, судороги ног, жжение в глазах, иллюзия величия или иррациональные фантазии извлечения золота из мочи. Своего рода подергивания является обычным явлением, или покраснение, мигрень, бессонница, потеря веса, увеличение веса, потеря памяти, усиление памяти, потеря аппетита, недостаток аппетита, сонливость, рассеянность, рвота, боль? Или боль? Наличиствуют ли у вас такие симптомы?

Я сказал, как я уже сказал, я ничего не чувствую.

Тогда похоже вы мертвы, сказал врач.

Ха! Нет, я шучу. Шучу! Очевидно, вы не мертвы. Хотя… Нет, это в шутку! Еще раз, повторите, что же вы чувствуете? сказал он. И снова я ответил, Я ничего не чувствую.

Займитесь гольфом, сказал он. Ешьте дополнительную порцию каши на завтрак. Читайте Шекспира. Всего! Каждый слог.

Не хочу я читать Шекспира я сказал, не буду я читать Шекспира. Он был мизантропом сказал я.

Нет, это Мольер, сказал врач.

Нет, это все они, я сказал. Вся кучка.

Читайте Уолта Уитмена, сказал он.

In the meantime, play some golf. Some tennis. Go riding, go shooting, go to the music hall. Put on your socks *and* your shoes. Why not try two tabloids of bromide dissolved in a glass before bedtime? These old houses… Fine paneling. And what a very pretty comb! You're in a funk. That's all. Ooo, handsome bread knife. Nerve symptoms. Nothing more. Wouldn't it be better to do something instead of lying in bed? There is nothing whatever the matter with you, Vasily Vasilyevich Solyony.

I feel… nothing.

OK, rest. Rest then. Rest a while in bed. Lie in bed in this beautiful house on this beautiful island and be perfectly looked after. Be perfectly looked after by amiable nurses. Learn how to drink milk from a glass. Learn how to look upward and catch the light. And then one day, when you feel a little more… something… maybe you'll consider getting up and possibly… talking to the other men about it.

I said,
There are other men here?

He said,
Are there ever.

Уолт Уитмен еще не родился, сказал я.

Что вы — конечно, он уже родился.

Он еще не родился, я вам говорю!

Ну тогда ладно он сказал. У вас будет чего ожидать.

Тем временем, поиграйте в гольф. Немного тенниса. Займитесь верховой ездой, стрельбой, сходите в варьете. Наденьте носки и обувь. Почему бы вам не принять две таблетки бромида растворенные в стакане перед сном? Эти старые дома … Изумительные панели. И какая красивая расческа. У вас хандра. Вот и все. Красивый нож. Нервные симптомы. Ничего больше. Не лучше ли было бы чем-то заняться, а не лежать в постели? С вами все в порядке, Василий Васильевич Соленый.

Я ничего не чувствую.

Добро, отдых. Отдыхайте. Недолгий отдых в постели. Лягте в постель в этом красивом доме на этом прекрасном острове где прекрасно позаботятся вами любезные медсестры. Научитесь пить молоко из стакана. Научитесь смотреть вверх и ловить свет. И вот когда вы почувствуюте себя немного больее … почувствуюте что-нибудь, может быть, вам будет охота встать и, возможно, поговарить с другими мужчинами по этому поводу.

Я сказал, Есть и другие мужчины здесь?

Он сказал, Есть, еще как есть!

* * *

Karen doesn't know what to make of it.

(To audience.) You know, I think it bears mentioning, possibly here, that I saw him once. I saw him once when we were off duty, I saw him in the town at a crossroads. There was a woman there. A woman at the crossroads with her horse, and her horse was on fire. And she was wailing. She was wailing and pulling at her hair. She was sobbing and wailing and covering her face and eyes. Her face and eyes were wet, streaming with tears because her horse was on fire and no one would help her. Her horse had gone up in flames and no one would lend her a hand.

(To KAREN.) I also had a dream. Actually it was more of a nightmare. All I could see was text, no people. No human beings. Only letters and sounds. In bits and parts. Sometimes I heard the words as I saw them, and when I heard the words *The translator is subsumed by the translation*, I woke up—violently, gasping. The words were like a knife, going in & coming out at the same time. Like the part in a normal nightmare where the treacherous person comes in with the fatal weapon and you wake yourself up out of fear of dying.

I heard once that abstract dreams are common in sociopaths. But I do not think that I am a sociopath. So what am I to make of this? What do you make of it?

Вы знаете, я думаю, что стоит упомянуть, возможно здесь, что я видел его однажды. Я видел его однажды, вне службы, я видел его в городе на перепутье. Там стояла женщина. Женщина на перекрестке с лошадью, а лошадь горела. И женщина выла. Она выла и рвала на себе волосы. Она рыдала и выла закрыв лицо и глаза. Лицо и глаза были мокрыми, облитыми слезами, потому что ее лошадь сгорала, и никто ей не помог. Ее лошадь пылала огнем, и никто ей не подал руки.

And the Baron was there. He was right there and he just walked on by. He just walked right past her and didn't look twice. And I know what he was thinking: "Oh that's too bad. Not my responsibility but indeed very too bad."

I was far away, down the street, but not too far to recognize the Baron, and by the time I got to the woman her horse was completely destroyed.

A band of young men, foreigners, who will have to do anything for money had arrived and... come to her aid. They put some gloves on and helped her drag her horse remains out of the street so she wouldn't be fined by the city. Which will also do anything for money. Chains. They had to use gloves and chains.

They did all this without telling her how much it would cost. They just swooped in and... intervened.

In the end she didn't have enough so I paid it for her. It wasn't much. But it was much more than what she had. Which was very little. Practically nothing.

But the Baron. I don't think he was a very good man is all I'm saying. I don't think he was a particularly good person. So did he deserve to die? Because of that? I don't know. Did he deserve and want to die because he was a criminally selfish person who would never be loved by a real woman? I don't know. I've been trying to work all this out. I've been trying to think all this through.

И Барон был. Он был на этом же месте, и просто прошел мимо, он прошел мимо нее и не посмотрел даже в ее сторону. И я знаю, о чем он думал. "О, как жаль. Но не моя ответственность, в тоже время действительно жаль."

Я был вдалеке, в начале той улици, но не так далеко, чтобы не узнать барона, и до того как я успел подойти к женщине, от лошади уже ничего не осталось.

Шайка молодых парней, иностранцев, которые готовы делать все что угодно ради денег, прибыли на это место к ней на помощь. Они надели перчатки и помогли ей вытащить лошадь со средины улицы, чтобы ее не оштрафовал город. Который тоже готов делать что угодно ради денег.

Цепи. Им нужны были перчатки и цепи.

Они сделали все это, не говоря ей, сколько это будет стоить. Они подлетели и... вмешались.

В конце концов, у нее не хватало денег, так что я заплатил за нее. Не так много. Но гораздо больше, чем было у нее. Что было очень мало. Практически ничего.

Но барон. Я не думаю, что он был хорошим человеком, вот, что я хочу сказать. Я не думаю, что он был особенно хорошим человеком. Так заслуживал ли он смерти? В связи с этим? Я не знаю. Разве он заслуживал и хотел умереть, потому что он был преступно эгоистичный человек, которого никогда не полюбила бы настоящая женщина? Я не знаю. Я пытаюсь обдумать все это. Я пытаюсь додумать все это до конца.

I discussed it with a cousin of mine once recently and he said, Well if I wanted to die I would definitely come to you. You would certainly be the person I would come to to assist me in that endeavor if that were something I wanted.
I'm not sure what he meant by that.
It doesn't sound like a compliment exactly.
But one must wonder.
About one's purpose here, etcetera.
One must wonder…

I got a job after that. I got a job for a while working on a road crew. A road crew that drilled the—reflective material into the—concrete barrier that separates the—that runs along the side of the road between the road and the cliff's edge. Reflective material so you could see it at night. So you wouldn't go over the cliff's edge in the dark. That was good work. Satisfying. Not a lot of talk. Practical. Something of value. It's good to do something of value.

(To TRANSLATOR.) Two women talking philosophy. Pff! You want to know what's all *my* eye? Two men with moustaches talking about anything. Two men, each with a moustache, having a conversation. Disgusting. It should be illegal.

Я обсуждал это с двоюродным братом моим недавно и он сказал: “Ну, если бы я хотел умереть, я бы обязательно обратился б к тебе. Ты как раз тот человек, к которому бы я пришел за помощью в этом вопросе, если б я хотел умереть.”

Я не уверен, что он этим хотел сказать.
Это не очень похоже на похвалу.
Но надо иногда задумываться.
О своей цели здесь, и так далее.
Приходится задумываться.

Потом я устроился на работу. Я устроился на работу в дорожном экипаже. Дорожный экипаж который ввинчивает отражающий материал в бетонный барьер, который отделяет... вдоль обочины дороги между дорогой и краем пропасти. отражающая материя, чтобы было видно ночью. Чтобы не слететь в пропасть с дороги в темноте. Это была хорошая работа. Удовлетворительная. Без лишних разговоров. Практичная. Что-то самоценное. Хорошо иметь самоценное занятие.

FIVE.

The soundtrack from the final shootout scene from Butch Cassidy and the Sundance Kid *plays again.*

KAREN: *(Shouting over the noise and gesturing to the Stage Manager to cut the sound.)* Five! Chapter four!

When I said I would roast her baby on a frying pan and eat him I only meant—People say this sort of thing all the time! People say this sort of thing all the time about babies. I've heard a million people say, Your baby is so cute my god I just want to eat him. I've even heard mothers say it about their own children, you say He's so cute, or She's so cute, and the mother will frequently say I know, I just want to eat him sometimes. Or her. I just want to *eat* her sometimes. People say that! So what was it so horrible when *I* said it? Because I didn't say he was cute? I mean come on. Isn't it *implied*? It's a human *feeling*. It's a human *impulse*. When something—like a little baby or a little duckling or a little kitten or a *puppy* or something is so—*cute*—you just want to kind of practically—*crush it. Into* yourself. You just want to sort of become *one* with it, take it *into* yourself and have it like—as a *part* of you. *Incorporate* it. It's a human *feeling*. And I'm a human *being*. I don't dream in the abstract!

I just had a dream. I just had a dream while I was standing here and you were sitting there, I had a dream that we were at a party, and I was wearing a very short skirt, and I looked amazing in it, and you picked me up, you

TRANSLATOR: Когда я сказал, что я изжарил бы ее ребенка на сковородке и съел бы... такие вещи говорят все время! Люди все время говорят так о детях. Я слышал тысячу раз как люди говорят, ваш ребенок такой милый боже мой, мне просто хочется его скушать. Я даже слышал, как матери говорят так о своих собственных детях, говорят, он такой милый, или она такая милая, и мать часто говорит, я знаю, мне просто хочется его скушать. Или ее. Мне иногда просто хочется ее скушать. Люди так говорят! Почему же это было так ужасно, когда я это сказал? Потому что я не сказал что он милый? Я имел это в виду, конечно. Разве это не подразумевается? Это человеческое чувство. Это человеческий импульс. Когда что-то, вроде маленького ребенка или маленького утенка или маленького котенка или щенка или что-то такое симпотичное — вам просто хочется практически задавить его. Взять внутрь... Вам просто хочется как бы слиться с ним, взять его в себя и как-будто вобрать его в себя — как часть свою. Включить его. Это человеческое чувство. Я же живой человек. Мне не снятся абстрактные сны!

picked me up and slung me over your shoulder and you carried me around the party like that. And I loved it! And you loved it! And everybody loved it! Because everybody could see my underpants a little bit, and everyone could see us laughing, and smiling, and everybody could imagine later—the pleasure…

What?!
No!
No no no!

Personally, frankly, my own problem is that my hair is falling out. Tell them! *(To the audience.)* I don't have any of these other problems. *(To TRANSLATOR.)* Tell them! *(to the audience)* I never killed anybody. A whole bunch of bugs. A cat once. By accident. *(To TRANSLATOR.)* Tell them! I've let a bunch of stuff die. Plants and. Other things. I've had lots of awful jobs. But mostly, my hair is falling out. They say this is a problem with the—adrenal gland. Or the thyroid. One of the—endocrine systems. They say this is stress. I say I'm not stressed! Anymore! Why is my hair still falling out? They draw some blood. They say, Wait on the porch. We'll bring you the results.

A small person. A small person who decides that his honor is so important he can kill someone over it. That's what this story is about. That's what someone said to me once. But I think: No. A normal sized person. An average person who decides his *honor*—is—so important that he's willing to risk his *own* life for it.

Кэрэн!

...У нее выпадают волосы...
...У нее нет других проблем...
...Она никогда никого не убивала...
...Были несчастные случаи...
...Однажды кошку. Случайно...
...Растения и. Другие вещи...
...У нее была и ужасная работа...
...Но в основном, у нее волосы выпадают...
...Ей говорят, это надпочечники. Или щитовидная железа. Эндокринная система. Говорят, это стресс...
...Но нет у нее больше стресса...
...Почему же волосы попрежнему выпадают?...
...Взяли кровь. Сказали, подождите на крыльце. Мы предоставим вам результат анализа...

I can relate to that. Sort of. I mean, aren't there things? Things worth risking your life for? Things and people? Aren't there? Shouldn't there be?

And also, you get tired. One does. One gets tired. Of getting kicked around.

Wait. Don't tell them I said that. Don't tell them this part, now. I just need a minute. I just need a minute.

Karen takes a minute.

Karen joins when she can.

Dueling perfectly suited the mood of the time.
On the field of honor, one could go beyond words
to settle personal differences
by serious dramatics. Engagements were fought
until the first blood flowed, and afterward,
the combatants sometimes walked off the field arm in arm.
Fatal encounters were rare,
but the duel itself was quite common.
Journalists did it. Doctors. Lawyers. Poets. Politicians. Newspaper editors.
Duels were fought in hot air balloons, fought with billiard balls, howitzers, sledgehammers, forkfuls of pig dung, sausages infected with cholera.
Pushkin fought twenty-nine duels—challenging Turgenev,

Дуэль. Идеально подходила. Настроению того времени.

Дуэль. Идеально подходила. Настроению того времени.

The TRANSLATOR proceeds.

Дуэль идеально подходила настроению того времени.

На поле чести, можно было перейти от слов к решиению личных разногласий серьезным спектаклем. На поединках боролись до первого появления крови, а потом, соперники иногда уходили с поля битвы под руку. Фатальный исход был крайне редок, хотя сама дуэль была обычным делом.

Журналисты сражались на дуелях. Врачи. Юристы. Поэты. Политики. Редакторы газет.

Поединки велись в воздухе из воздушных шаров, боролись бильярдными шарами, пулеметами, кувалдами, вилами полными свиного навоза, колбасой зараженной холерой.

Пушкин сразился на двадцати девяти поединках, со множественными представителями аристократического сословия, прежде чем он был убит на

Tolstoy, Prince Nikolay Repnin—before being killed in a duel himself by a French adventurer in 1837. Tolstoy killed eleven officers in various duels and Nikolai Gumilyov and Maximillian Voloshin fought a ridiculous duel over a mysterious woman poet who everyone fell in love with but who in fact, didn't even exist.

I didn't want to crush her. I didn't want to roast her on a frying pan and eat her. I didn't want to incorporate her, or consume her, or possess her. I wanted to paint my house with her. Talk over the ideas of the day. The woman question. God. Stuff like that. I wanted to eat crackers with her. I didn't want to chain her to anything or anything. I loved her. That was all.

Once, I saw her in the garden. Licking her knees. Licking and biting her knees like a wild animal. Like a wild animal in the jungle. And once, I saw her at the table. With a little bit of... artisanal cheese on her face and a little bit of... local honey in her hair. She was a mess. She was astonishing. And the Baron was evil. Polite. Very well-mannered. But evil!

And I hate those kinds of people. I hate people like that. And I don't have a set of dueling pistols, but I've said the wrong thing. Done the wrong thing. I'm always saying and doing the wrong thing. But people don't listen. They don't listen! For example, I say, Everyone can't afford to buy a house. They say, But that's not their fault. I say, I

дуэле французским авантюристом в 1837 году. Толстой убил одиннадцать офицеров в различных поединках, а Николай Гумилев и Максимилиан Волошин сразились на абсурдной дуэле за честь таинственной поэтессы, в которую влюблялись все, но, которая на самом деле, не существовала.

Я не хотел раздавить ее. Я не хотел изжарить ее на сковородке и съесть. Я не хотел, ни включить ее в себя, ни поглатить ее, ни обладать ею. Я хотел красить свой дом вместе с ней. Обсуждать с ней идеи того времени. Женский вопрос. Бога. Все в таком духе. Я хотел есть сухари с ней. Я не собирался приковывать ее цепью к чему-либо, или что-то в этом роде. Я любил ее. Вот и все.

Однажды я увидел ее в саду. Она лизала свои колени. Лизала и кусала свои колени, как дикий зверь. Как дикий зверь в джунглях. В другой раз, я увидел ее за столом. С кусочком сыра на лице и немного ... меда местного производства в волосах. Она была в беспорядке. Она была удивительной. А барон был злым. Очень хорошо воспитанным. Вежливым. Но злым!

didn't say it was their fault, but it's true. They say, But everyone should have a house. I say, Yes. But do they have to own it? Should everyone buy a house when they can't actually afford to buy a house? They say, It's wrong that everyone can't afford to buy a house, and I say, Maybe, but it's true. They say, Have you taken your medicatio—? I say, Why can't we just have a refreshing and straightforward conversation about class? They say, What is there to say about it? I say, That it is. Namely. That it is a fact and a reality. They say Enough, Karen. Be quiet. And I don't have a set of dueling pistols, but I do feel—in "conversations" like that—I do feel I could easily, sometimes, that I might maybe gladly—run someone through with a sword. If it were acceptable practice. If it were common practice.

I mean, imagine, if you will
that you were really in love with someone.
That you were really, really in love with someone.
And imagine, if you can, that that person was a girl.
A young woman who
as far as you could tell was
as far as you could see was
perfect.
A perfect woman, the perfect young woman. Girl. And imagine her... skin. And imagine her... breasts.
It's true! We love the breasts of the women we love. It's not

Couldn't we just stand here in this sunlight for a minute. Couldn't we just stop for a minute and stand here in this sunlight. I have a baby. Actually. I have children.

Я имею в виду, следующее, представьте себе, если вы можете, что вы действительно влюблены. Что вы действительно, действительно влюблены. И представьте себе, если можете, что этот человек был девушкой. Молодая женщина, которая насколько вам казалось с вашей точки зрения, совершенная.

Идеальная женщина, идеальная молодая женщина. Девушка. И представьте себе ее кожу и представить ее грудь...

Так и есть. Мы любим грудь наших возлюбленных. Это не причина того, что мы любим их, но она не мешает,

the reason we love them but they don't hurt, the breasts. Of the women we love. We like them! We like to imagine them. All the time. We like to think about them, all the time, and we like to imagine our hands on them... We're imagining it now.

So that I what?!

I just think sometimes
Who do I want to bury me?
Who do I want to be there
when they bury me?
I just want to send them a postcard.
Right now.
"Be there when they bury me.
Love,—"

Yeah.
Love,
Karen.

грудь. Наших возлюбленных. Как мы любим их! Нам хотелось бы их себе представить. Все время. Нам нравится думать о ней. Все время. И мы хотели бы представить на ней свои руки... Мы себе это сейчас представляем.

OK, I have a speculation Karen.
I have a speculation that you maybe
pushed Christopher Walken off the ladder, so that you—

Did you know the playwright Ben Jonson once killed an actor in a duel ?

Karen.

It was done. It happened the way that it happened. Am I sorry I did it? I don't know. Do I think about his mother? Yeah. I think about all their mothers.

But I am not going to go out and buy myself a pair of sandals. I am not going to go out and rent myself a room in some provincial town where I shuffle back and forth to the market every day in my sandals with my string bag. I am not going to eat simple, but elegant meals and dwell—or rather indulge—in the exquisiteness of my guilt. Neither am I going to… defenestrate myself. Like some others you may have noticed or heard of.

Karen sings.

He's lucky who doesn't notice whether
It's winter now or summer
I think that if I were in Moscow
I shouldn't mind about the weather
He's lucky who doesn't notice whether
It's winter now or summer
I think that if I were in Moscow
I shouldn't mind about the weather

Было сделано. Все произошло так, как оно произошло. Сожалею ли я, что я это сделал? Я не знаю. Думаю ли я о его матери? Ага. Я думаю о всех их матерях.

Also, cockroaches. In some translations at a certain point he said, cockroaches.

Но я не собираюсь пойти купить себе пару сандалий. Я не собираюсь снимать себе комнату в провинциальном городе, шататся взад-вперед на рынке каждый день в моих сандалях с моей авоськой. Я не собираюсь есть простую, но элегантную пищу и удовольствоваться в изысканности своей вины. И я не собираюся выбросить себя из окна. Как некоторые другие, как вы могли заметить, или о которых вы может быть слышали.

Апоплектический удар, потеря сознания, или нетрудоспособность в результате кровоизлияния в мозг или от инсульта. Кажется, инсульт может произойти у меня прямо сейчас. Понимаете? Или во всяком случае в ближайшее время.

In unison.

Often, a duel would begin with an exchange of sexually related insults in a public place such as a tavern, and the men would fight with the intention of slashing the other's face rather than killing.

As soon as blood was drawn, onlookers would intervene to separate the men. The winner would spit on his opponent and dip his neckerchief in the blood of the loser, or wipe the blood off his knife with it. Then you'd be arrested. You wouldn't resist. And you'd serve a light jail sentence or pay a small fine.

If you fought and killed someone in a duel you felt sorry about, you could wear a white glove on your hand to symbolize and publicize your regret.

So, Leo.

The translator's name is Leo.

What happens
when the most famous poet in the country
dies or is killed in a duel?
What becomes of the country
when it loses its most famous poet?

Часто поединок начинется с обмена сексуальных оскорблений в общественном месте, вроде трактира, и мужчины сражаются не до смерти противника, а с намерением оставить шрам на его лице. Как только проливается кровь, зрители вмешиваются, чтобы разобрать соперников. Победитель плюет на своего противника и погружает свой платок в кровь неудачника, или стирает им кровь с ножа.

Тогда его арестовывают. Он не сопротивляется. Ему приходится отсидеть короткий тюремный срок, или заплатить небольшой штраф.

Если победитель убил противника в дуэле и сожалеет об этом, он может носить белую перчатку на руке, символизируя публично свое сожаление.

LEO: Да?

Nothing much. Unfortunately. Nothing much. …

In unison.

This text was performed in twelve point Baskerville.
The paper it was printed on is nothing special.
This performance has been one
of a limited edition of one.
The dust jacket
has been removed.

… OK, Karen. Colophon I guess. Colophon here.

Этот текст был сыгран Баскервилем.
Бумага офсетная, обычного качества.
Тираж спектакля ограничен
к одному екземпляру.
Суперобложка
была удалена.

Bibliography

This script is inspired by the character Vasily Vasilyevich Solyony from *Three Sisters* by Anton Chekhov. Lines quoted from the play come from the 1935 Hartsdale House publication, which credits no translator. Other sources include *A Hero of Our Time* by Mikhail Lermontov, *Taras Bulba* by Nikolai Gogol, *Mrs. Dalloway* by Virginia Woolf, *The Idiot* by Fyodor Dostoyevsky, *The Banquet Years* by Roger Shattuck, *Damage* by Louis Malle; and Wikipedia articles on Dueling, Cherubina de Gabriak, Lermontov, and *Three Sisters*.

Glossary

epigraph: a short quotation or saying at the beginning of a book or chapter, intended to suggest its theme

flyleaf: a blank page at the beginning or end of a book

colophon: a publisher's emblem or imprint, esp. one on the title page or spine of a book; historical: a statement at the end of a book, typically with a printer's emblem, giving information about its authorship and printing

Images

Mikhail Lermontov

A Duel

A Bird with a Breast So Daringly Orange

A Flowering Tree

0, 10: The Last Futurist Exhibition
installation by Kazimir Malevich

Acknowledgments

The author would like to thank Meghan Finn, Benjamin Gassman, Janna Gjesdal, Rhonda Keyser, Samantha Tunis, Paul Willis and Matvei Yankelevich for their intelligent, sensitive, and generous attention to this play while it was being written. It could not have been made without them.

There There was made possible with commissioning support from Performance Space 122, The Chocolate Factory Theater and the Jerome Foundation. It was developed in residencies at NACL Theatre and the Abrons Arts Center. It was first presented at the Chocolate Factory in December, 2012. It was directed by Paul Willis; the environment was designed by Peter Ksander; the costumes were designed by Samantha Tunis; and the stage manager was Aislinn Curry. It was performed by Kristen Kosmas and Larissa Tokmakova. Rhonda Keyser was Ms. Tokmakova's understudy. The Russian text was constructed by Matvei Yankelevich.

The images in the book are from Wikimedia Commons. The portrait of Mikhail Lermontov is by Pyotr Zabolotsky, painted in 1837, and hangs in the Tretiakov Gallery in Moscow. The depiction of a duel, Ilya Repin's 1899 painting of a scene from Alexander Pushkin's *Eugene Onegin*, hangs in the Russian Museum in St. Petersburg. Mdf is the author of the photograph of a Baltimore oriole spotted in May 2008 in Rondeau Provincial Park Ontario, Canada. Tanaka Juuyoh took the photograph of the Sakura tree in a field of Phlox subulata at Yachounomori Garden in Tatebayashi, Gunma, Japan in April 2009. The "0, 10" exhibit photograph is widely reproduced; the photographer is unknown.

Kristen Kosmas is an American playwright and performer. She has had new works commissioned by The Chocolate Factory (NYC), Performance Space 122 (NYC), The Theatre of a Two-Headed Calf (NYC), Seattle University's SITE Specific, Dixon Place (NYC), and the New City Theater in Seattle. Her plays and solo performances have been presented in Boston, Seattle, Chicago, and in Austin, TX by the Fusebox Festival, Physical Plant, and Frontera at Hyde Park. In New York City her work has been seen at numerous venues including the Chocolate Factory, Prelude Festival, Performance Space 122, Dixon Place, Little Theater, Barbès, the Ontological/Hysteric Downstairs Series, and the Poetry Project. Her play, *Hello Failure*, was published by Ugly Duckling Presse; her multi-voice performance text, *This From Cloudland*, appears in the latest issue of *PLAY A Journal of Plays*, and her companion pieces, *Anthem* and *The Mayor of Baltimore*, were published by 53rd State Press. Other plays include *Chapter of Accidents*, *H-O-R-S-E*, and *Palomino*. Kristen is the writer/performer of four critically acclaimed solo shows: *Blah Blah Fuckin Blah*, *Again*, *Slip*, and *The Scandal!*. As an actor, she has appeared in many notable new plays including *Potatoes of August* by Sibyl Kempson, *Mark Smith* by Kate Ryan, *ASTRS* and *Some Things Cease to Be While Others Still Are* by Karinne Keithley, *The Internationalist* by Anne Washburn, *Producers of Fiction* by Jim Strahs, *The Florida Project* by Tory Vazquez, and Hurricane by Erin Cressida Wilson. Ms. Kosmas is a founding member of the OBIE Award-winning performance series, Little Theater; the Brooklyn-based experimental writer's collective, The Ladies' Auxiliary Playwriting Team/Machiqq; and The Twenty-Five Cent Opera of San Francisco, a monthly event for the enactment of texts and theatricals. She holds a BFA in Playwriting from Brooklyn College. She is an Assistant Professor of Theatre at Whitman College and a member of New Dramatists.

Book layout and design: Don't Look Now!
Typeset in Baskerville and Baskerville Cyrillic
Cover image: Ilya Repin, *Eugene Onegin and Vladimir Lensky's duel.*
(All-Russian A.S. Pushkin Museum, St. Petersburg.)
Printed on recycled paper.

53rd State Press publishes new writing for performance. It was founded in 2007 and is co-edited by Karinne Keithley Syers and Antje Oegel. For more information or to subscribe, visit 53rdstatepress.org.

53rd State Press books are distributed to the trade by Theatre Communications Group, through Consortium.

53SP 01 The Book of the Dog
53SP 02 Joyce Cho Plays
53SP 03 Nature Theater of Oklahoma's No Dice
53SP 04 Nature Theater of Oklahoma's Rambo Solo
53SP 05 When You Rise Up
53SP 06 Montgomery Park, or Opulence
53SP 07 Crime or Emergency
53SP 08 Off the Hozzle
53SP 09 A Map of Virtue and Black Cat Lost
53SP 10 Pig Iron: Three Plays
53SP 11 The Mayor of Baltimore and Anthem
53SP 12 Ich, KürbisGeist and The Secret Death of Puppets
53SP 13 Soulographie: Our Genocides
53SP 14 Life and Times: Episode 1
53SP 15 Life and Times: Episode 2
53SP 16 Life and Times: Episodes 3&4
53SP 17 The 53rd State Occasional No. 1
53SP 18 Seagull (Thinking of you) with Family and Away Uniform
53SP 19 There There